Feuer frei

...denn der Feind ist oft so nah!

1. Auflage: Mai 2016

AF191253

Herstellung und Verlag
BoD – Books on Demand, Norderstedt

ISBN: 978-3-8423-4262-0

Inhaltsverzeichnis

Seite 1	Informationen über das Buch
Seite 2	Inhaltsverzeichnis
Seite 4	Vorwort
Seite 5	Feuer frei
Seite 6	Guter Mensch, adieu!
Seite 7	Schmarotzer
Seite 8	Maskenträger
Seite 9	Lache, um nicht zu weinen
Seite 10	Lieblingskind
Seite 11	Reden können
Seite 12	Schuldig sprechen
Seite 13	Achterbahn
Seite 14	Saufkumpane
Seite 15	Trockne Luft
Seite 16	Verleumdung
Seite 17	Attacke !!!
Seite 18	„Gottheiten"
Seite 19	Irgendwie ... komisch
Seite 20	Gewissenlos
Seite 21	Zu oft
Seite 22	Menschliches Wrack
Seite 23	Scheinheiligkeit
	Charakterfehler
Seite 24	Heuchler
	Erbschleicherei
Seite 25	Rufmörder
	Rattennest
Seite 26	Charaktere
	Charakterleiden
Seite 27	Voreingenommen
Seite 28	Aufschneider
	Gefühllos

Seite 29	Schurken-Engel
Seite 30	Du Nichtsnutz
Seite 31	Drei ist einer zu viel
Seite 32	Am Arsch vorbei
Seite 33	Aufgeflogen
Seite 34	Pantoffelheld
	Manch Nachbar
Seite 35	Vorsicht mit Feiglingen
Seite 36	Brauereigeschwür
Seite 37	Übergrößen
Seite 38	Vertrauensbruch
Seite 39	Neider
Seite 40	Heiligenscheinträger
Seite 41	Arsch voll - toll
Seite 42	Das bisschen Haushalt
Seite 43	Seelischer Mülleimer
Seite 44	Aufpasser
Seite 45	Einsam unter Menschen
Seite 46	Depressiv
Seite 47	Maulheld
Seite 48	Ein Schmarotzer-Medley
Seite 54	Prinzipienreiter
Seite 55	Majestätsrecht
Seite 56	Dumme Menschen
Seite 57	Ich schäme mich
Seite 58	Am Ende
Seite 59	Nachwort
Seite 60	Impressum

Vorwort

Lieber Leser, kennen Sie das?:
Sie wurden einst dazu erzogen, stets ehrlich, freundlich und hilfsbereit zu sein. Viele Jahre lang haben Sie versucht dieses umzusetzen, allerdings merken Sie mittlerweile, dass all diese Aufrichtigkeiten kaum Anklang fanden.
Sie stehen mitten in einer Gesellschaft, die all diese Tugenden in ihrem Lebensrausch vergessen hat. Übrig geblieben sind uns Rücksichtslosigkeit und Kälte. Sie möchten am liebsten laut schreien, und Ihrem Unmut freien Lauf lassen, aber was machen Sie? Sie schweigen, weil Sie nicht der „Spießbürger" sein möchten, der letztendlich zwar Recht hätte, aber höchstwahrscheinlich von seinen Mitmenschen dumm angeschaut oder sogar gemobbt werden würde.
Sie ziehen sich zurück, weil Sie einfach Ihre Ruhe haben möchten, aber Sie bemerken, dass Ihnen vom Schweigen ein Kloß im Hals wächst, was Sie letztendlich noch unglücklicher macht.

Darum möchte ich Ihnen einen guten Rat geben: „Feuer frei" - lassen Sie Ihrer Meinung einfach freien Lauf und Sie werden feststellen, dass es Ihnen wesentlich besser geht. Des Weiteren kämpfen Sie auch dagegen an, dass unsere Gesellschaft noch hartherziger und stumpfer wird, was ich mit diesem Buch ebenfalls versuche, zu unterbinden.

Viel Spaß beim Lesen wünscht Ihnen der Autor
Norbert van Tiggelen

Feuer frei

Kennst du das: Die Menschen nerven.
Du fragst dich: „Bin ich im Zoo?
Wo sind denn bloß mittlerweile
Keuschheit, Anstand und Niveau?"

Du hast dich schon viel zu häufig
über Dinge aufgeregt,
die dich an den andren nervten,
dich mit Rowdys angelegt.

Rückgrat zeigtest du schon öfters,
hast die Meinung stets gesagt,
doch man sah dich als 'nen Spießer -
pöbelnd, kleinlich und betagt.

Irgendwann wurd's dir zu blöde,
der zu sein, der stets belehrt;
stundenlange Diskussionen
zeigten sich als grundverkehrt.

Aber glaub mir bitte eines:
Gib jetzt keinesfalls klein bei;
Wortschatz schärfen, Rohre putzen,
Meinung sagen -Feuer frei!

©Norbert van Tiggelen

Guter Mensch, adieu!

Gute Menschenseelen gab es
früher so wie Sand am Meer:
hilfsbereit, solide, ehrlich,
pflichtbewusst, gerecht und fair.

Doch im Laufe all der Jahre
wurden sie zu oft geprellt.
Dank für ihre guten Taten:
Ihnen wurd' manch Bein gestellt!

Wegen all der Gaunereien
zogen sie sich dann zurück;
Angst vor neuen Niedertrachten –
immer weiter, Stück für Stück.

Heute wundert man sich drüber:
„Draußen" herrscht der wahre Graus;
kaum noch Güte in den Herzen,
Mitgefühl stirbt langsam aus.

©Norbert van Tiggelen

Schmarotzer

Der Schmarotzer ist ein Mensch,
der meist nur neppen will.
Solang du ihn verhätschelst,
genießt er brav und still.

"Geben" ist für ihn ein Fremdwort,
ebenso wie "Dankeschön".
So ein scheußliches Verhalten
ist für mich verdammt obszön.

Er besucht dich, wenn er blank ist,
seine Kasse ist halt leer.
Geht's ihm aber wieder besser,
hörst und siehst du ihn nicht mehr.

Ruht sich aus auf deinen Knochen,
nutzt deine Großmut schamlos aus.
Hast du selber mal Probleme,
lässt er dich allein zuhaus.

©Norbert van Tiggelen

Maskenträger

Es gibt Menschen, die sich tarnen;
tragen Masken dann zur Schau,
wenn sie deine Hilfe brauchen.
Auch wenn's fies ist - es ist schlau!

Stehst du ihnen dann zur Seite,
zeigen sie sich lieb und warm,
keine Spur von Schlechtigkeiten,
als wärst du ihr größter Schwarm.

Ist die „Arbeit" dann erledigt
und sie brauchen dich nicht mehr,
zeigen sie sich plötzlich anders,
dies zu spüren, fällt dir schwer:

Sie entfernen ihre Maske
und du merkst - was für ein Mist:
Es verbarg sich eine Fratze,
die sehr unansehnlich ist.

©Norbert van Tiggelen

Lache, um nicht
zu weinen

Manchmal gibt es schlimme Tage,
es klappt gar nichts, wie verhext.
Du hast ein Gefühl von Ohnmacht,
so als ob du bald verreckst.

Jede Tat ist eine Plage,
ist sie auch im Grunde leicht.
Schwere Glieder, Stress und Sorgen -
irgendwann sagst du: Es reicht!

Doch wie sollst du dich verhalten?
Willst nicht zeigen, wie's dir geht.
Sollen deine Gegner sehen,
wie es wirklich um dich steht?

Nein, das willst du unterbinden,
ist ja lang schon deine Pflicht.
Tief in dir sagt eine Stimme:
Lache laut, dann weinst du nicht!

©Norbert van Tiggelen

Lieblingskind

Was gibt es doch bloß für Eltern!
Kaum zu glauben, aber wahr.
Lieben nur ein ganz bestimmtes
ihrer eignen Kinderschar.

Dieser Liebling wird vergöttert
und bevorzugt Tag für Tag;
für den „Außenseiter" ist es
jedes Mal ein Schicksalsschlag.

Er verkriecht sich tief nach innen
und versteht die Welt nicht mehr.
Für den Rest des Lebens leidet
sein verletztes Innres sehr.

Wahre Eltern lieben herzlich,
zeigen, dass sie aufrecht sind!
Schätzen JEDES ihrer Sprosse
und nicht nur das „Lieblingskind".

©Norbert van Tiggelen

Reden können?

Menschen, die nicht reden können,
machen mir das Leben schwer.
Leider, und das macht mich traurig,
gibt es sie wie Sand am Meer.

Man muss ihnen immer wieder
Würmer aus der Nase zieh'n.
Diskussionen sind unmöglich,
weil sie meistens feige flieh'n.

Schaffen sie es endlich einmal,
ihre Meinung kundzutun,
werden sie meist laut und ruppig,
ohne dabei auszuruh'n.

Ihnen fehlen Takt und Fassung,
um die Ohren schießt dir Blei.
Dialoge sind Geschichte,
enden meist in Schreierei.

©Norbert van Tiggelen

Schuldig sprechen

Kennst du das: Du gibst dir Mühe,
strengst dich an, willst nützlich sein;
deine Güte kommt von Herzen
und aus Freundschaft obendrein.

Aber es ist nichts zu machen,
ganz egal, wie du dich plagst:
Immer wieder Sticheleien,
mit dem Ziel, dass du verzagst.

Er kriegt selber nichts geregelt,
bricht bei kleinsten Lasten ein,
aber schiebt DIR stets die Schuld zu,
wenn's nicht klappt – ist das gemein!

Es ist grausam ohnegleichen,
niederträchtig und verflucht,
wenn ein Mensch, zu seinem Schutze,
stets die Schuld bei andren sucht.

©Norbert van Tiggelen

Achterbahn

Deine Launen zieh'n mich runter,
fordern mich tagaus, tagein;
manchmal reitest du auf Wolken,
manchmal auf 'nem Stachelschwein.

Wie ein Schmetterling, ganz sorglos,
wippst du manchmal so umher;
wird der Wind des Lebens rauer,
werden deine Flügel schwer.

Dann erleidest du 'nen Sturzflug
und schlägst auf dem Boden auf.
Ich muss dich dann wieder kleben,
was ich oft schon nahm in Kauf.

Lange werd ich nicht mehr mitfahr'n,
treibst mich noch in einen Wahn!
Ständig dieses Auf und Nieder –
du bist wie 'ne Achterbahn!

©Norbert van Tiggelen

Saufkumpane

Saufkumpane, das sind Leute,
wie's der Name schon verrät,
die mit dir ganz gern ein' trinken,
ob es früh ist oder spät.

Hört sich eigentlich ganz nett an,
doch da gibt es ein Problem:
Meistens wollen sie nur schickern,
und das dann auch sehr extrem.

Hast du Alkohol zu Hause,
sind sie gern bei dir zu Gast,
denn das nüchterne Befinden
wird bei ihnen meist gehasst.

Geht es dir jedoch beschissen,
hast kein Geld und Alk im Haus,
machen sie mit andren Zechern
eine richtig dicke Saus'.

Trockne Luft

Irgendwie ist es doch komisch:
Hat man nichts zum „Saufen" da,
machen sich einst gute Freunde
selten, die man sonst oft sah.

Kommen sie ein' dann besuchen,
heißt es schon nach kurzer Zeit:
„Mann, ist das 'ne trockne Luft hier -
hast du mal 'ne Kleinigkeit?"

Wenn man dann ein „Nein" erwidert,
heißt es, dass man krank wohl sei,
oder ob man aufhör'n möchte
mit der Alkohol-Arznei?

Meistens dauert es nicht lange
und die Wohnung, sie ist leer;
das dann meist für viele Wochen –
oder man kommt gar nicht mehr.

©Norbert van Tiggelen

Verleumdung

Wird das Kissen der Lügen
während eines Sturms geöffnet,
verteilen sich die Federn weit und
breit. Sie werden letztendlich
an Orten verstreut, wo
sie nie wieder auffindbar sind,
aber trotzdem ihre Dienste tun.
An diesen Stätten verbreiten sie
weiterhin Unwahres, weil sie nicht
entsorgt werden können.
Der Mensch, der unter
diesen Lügen zu leiden hat,
ist für den Rest seines Lebens
gebrandmarkt. Aus diesem Grund
MUSS „Rufmord" UNBEDINGT
strafrechtlich verfolgt und
hart bestraft werden!

©Norbert van Tiggelen

Attacke !!!

Irgendwann ist Schluss mit lustig,
wenn das Reden nichts mehr bringt;
wenn kein Wort von all den Tadeln
in das Hirn des andren dringt.

Spricht man nur mit Engelszungen,
wird man oftmals unterschätzt,
ausgenutzt und auch veräppelt,
einfach schamlos zugeschwätzt.

Geht das über längre Zeiten,
wächst im Hals ein dicker Kloß.
Dann gibt's nur noch eins, ihr Hexer:
"Auf die Besen - fertig - los!"

©Norbert van Tiggelen

"Gottheiten"

So selbsternannte Götter,
die hass ich wie die Pest;
denn sie vermiesten mir schon
so manches Lebensfest.

Ich meine damit Menschen,
die überheblich sind,
und oft aufgrund des Reichtums
sind sie vor Selbstsucht blind.

Woll'n andre dirigieren
und meistens Herrscher sein,
sind häufig sehr berechnend
und neidisch obendrein.

Sie GLAUBEN, sie wär'n weise,
das Licht bei Dunkelheit.
Doch dort, wo sie er"scheinen" -
da gibt es meistens Streit!

©Norbert van Tiggelen

Irgendwie ... komisch

Irgendwie fühlst du dich wehrlos,
denn dein Gegner macht dich krank.
Schon seit langem kämpfst du mutig,
anstatt Frieden Streit und Zank.

Irgendwie schau'n dir die andren
nasebohrend, gähnend zu;
während du dich kühn zur Wehr setzt,
legt sich manch ein "Freund" zur Ruh.

Irgendwie hoffst du auf Hilfe,
doch man sieht dein Leiden nicht.
Niemand, der sich für dich stark macht,
und dein Stolz so langsam bricht.

Irgendwie ist es doch komisch,
ist der Mensch denn so verdreht?
Fängt er erst an, nachzudenken,
wenn's ihm selber dreckig geht?

Gewissenlos

Ohne Gewissen lebt es sich besser,
spalte die Zunge und wetze die Messer;
tritt den Menschen fest in den Arsch,
sei immer feindlich, gierig und harsch.

Reiche den Nachbarn niemals die Hände,
zünde durch Lügen stets neue Brände.
Will man dir helfen, nutze es aus,
lebe dein Leben in Saus und Braus.

Scherze auch dann, wenn andere trauern,
zeige bloß niemals Leid und Bedauern;
so kommst du weiter - so wird gelebt,
sei nie nach Anstand und Güte bestrebt.

Eins noch am Ende, du eiskalte Seele,
hör jetzt gut zu, was ich erzähle;
Mir ist es wichtig, du sollst es wissen:
Ohne Charakter - ging's mir beschissen.

©Norbert van Tiggelen

Zu oft!

Oft warst du der Ausgenutzte,
der, den man nach Hilfe frug;
der, der bei so manchem Umzug
bis spät abends Möbel trug.

Oft warst du die dumme Seele,
die sich Sorgen angehört,
die Person, die ständig Rat gab,
deine Pein hat kein' gestört.

Viel zu oft litt deine Psyche,
schweigst wahrscheinlich bis ins Grab;
ärgerst dich für deine Nachsicht,
weil es stets 'nen Arschtritt gab.

Viel zu oft gab's einen Dämpfer,
sei nicht bös, wenn ich belehr:
Jetzt sieht man dich als 'nen Spießer -
weil du sagst: "Ich mach's nicht mehr!"

©Norbert van Tiggelen

Menschliches Wrack

Menschenrechte sind ihm gleich,
für ihn zählt nur arm und reich.
Nur sein Zaster ist ihm wichtig -
arme Leute sind ihm nichtig.

Pfeift er, muss man sofort springen,
Lobeslieder für ihn singen.
Machst Du das nicht, was ihm passt,
wirst Du von ihm prompt gehasst.

Er will stets das Lenkrad halten,
kannte niemals Sorgenfalten.
Wie denn auch - denn gab's Probleme,
war sein Geld die Heilungscreme.

Menschlich - klar! – ist er ein Wrack,
ein ganz unbeliebter Sack;
einer, über den man flucht -
seine Nähe kaum wer sucht.

©Norbert van Tiggelen

Scheinheiligkeit

Manch ein schmutz'ges Bahnhofsklo
hat mehr Reinheit und Niveau
als so manche Menschenseele,
glaubt mir, was ich hier erzähle.

Gerade diese selbsternannten,
angeblich so eleganten,
reinen, frommen, zarten Wesen
sind doch freundlich und belesen.

Seh'n sich selbst als Makellose,
doch was ist das Grandiose?
Haben meistens Dreck am Stecken,
und das gar bis zum Verrecken.

©Norbert van Tiggelen

Charakterfehler

Es ist eine große Schwäche
zudem feige und verflucht,
wenn ein Mensch die eignen Fehler,
ständig nur bei andren sucht.

©Norbert van Tiggelen

Heuchler

Wenn ein Mensch in deiner Nähe
über andre übel spricht,
spottet, lästert, schimpft und wettert,
glaub mir eins, dann trau ihm nicht!

Denn bei andren Zeitgenossen –
glaub es mir, ganz ohne Geck:
Bist du nicht in seiner Nähe,
dann zieht er DICH durch den Dreck!

©Norbert van Tiggelen

Erbschleicherei

Sich um fremdes Erbgut reißen,
sollte man doch widersteh'n;
denn es würde manch Vertrautheit
rasch den Bach hinunter geh'n.

Aber leider gibt's auch Menschen
voller Gier und Hinterlist;
die beweisen in solch Lagen,
dass ihr Stil das Letzte ist.

©Norbert van Tiggelen

Rufmörder

Kennt ihr diese schlimmen Leute,
die euch durch den Dreck gern zieh'n?
Haben selber reichlich Fehler,
denen sie jedoch entflieh'n.

Sind nur in der Meute mutig,
doch trifft man sie mal allein,
zieht ein jeder dieser Wichte
feig sein kleines Schwänzchen ein.

Diese schwachen Menschenseelen
können leider nicht sehr viel.
Andren nach dem Mund zu reden,
das ist ihr verkommner Stil.

Rattennest

Du warst immer gütig, ehrlich und rein,
zeigtest Charakter, kein' Heiligenschein.
Hasst man dich trotzdem so wie die Pest,
dann stehst du ganz sicher im Rattennest.

Charaktere

Es gibt so manche Menschen,
die sind doch wirklich mies,
gemein und überheblich -
im Grunde richtig fies.

Wenn ich so wär, dann glaubet mir:
ich würd' vor mir weglaufen
oder mich von früh bis spät
an ihrer Stell' besaufen.

Charakterleiden

Missgunst ist 'ne böse Krankheit,
ebenso wie Gier und Neid.
Arroganz ist auch 'ne Seuche,
wer so denkt, der tut mir leid.

Solche Leut' sind mir zuwider,
haben für mich einen Sprung.
Darum sag ich diesen Menschen
oftmals "Gute Besserung"!

Voreingenommen

Wo er hinkommt, da herrscht Stille,
das, was zählt, ist nur sein Wille.
Er hält sich für auserkoren,
wurd' als Herrscher schon geboren.

Er darf Menschen schikanieren,
hänseln und auch kommandieren.
Geld, so heißt sein bester Freund,
wer ihn rügt, wird weggeräumt.

Um ihn muss sich alles drehen,
niemand darf schon vor ihm gehen.
Akzeptiert nur Meinungsgleiche,
trat schon auf so manche Leiche.

Doch im Grunde ist er feige,
keine wirklich erste Geige;
ein ganz kleiner, armer Wicht.
Schlimm ist nur – er merkt es nicht.

©Norbert van Tiggelen

Aufschneider

Menschen, die sich vieles kaufen,
glaubt mir, die beneid' ich nicht.
Ich bin jemand, der am Reichtum
andrer Leute nicht zerbricht.

Was mich aber maßlos ärgert
und mir auf die Nerven geht:
Wenn ein Mensch von seiner Habe
generell den Preis verrät.

Gefühllos

Manche Menschen sind ästhetisch
in der Seele wie ein Beil,
ungehobelt, kalt und herzlos,
wie ein starres Galgenseil.

Halten deine schweren Lasten
einfach nur für Rumgejammer,
haben wohl kein Innenleben –
Feingefühl wie'n Vorschlaghammer.

Schurken-Enkel

Mit den Enkelkindern ist es
meistens schön und frohgemut.
Sie tun einer „Oma-Seele"
überwiegend richtig gut.

Doch da gibt's auch andre Fälle,
keine Frage, welch ein Leid.
„Habgier" heißt ihr mieses Laster,
das schmerzt Omis Seelenkleid.

Geld ist für die Enkel heilig.
Liebe? Nein, die zählt nicht mehr.
Kindeskinder sind jetzt Schurken
und das quält die Oma sehr.

Solchen „Kindern" ist zu sagen:
Schämt euch was, ihr seid gemein!
Hinter euren Kinds-Fassaden,
tarnt sich ein Charakterschwein!

©Norbert van Tiggelen

Du Nichtsnutz

Jeden Tag von früh bis spät,
da hängst du nur herum,
für's täglich Brot zu schaffen,
das ist dir viel zu dumm.

Dein Arbeitgeber ist der Staat,
der pünktlich zahlt die Knete;
vom Ersten bis zum Fünften,
da machst du täglich Fete.

Über Menschen, die ganz brav
durch Arbeit Geld verdienen,
machst du dich stets lustig,
bist niemals dort erschienen.

Wenn ich mal wäre so wie du,
würd' ich's mir nie erlauben,
durch Lügen, die ich dir anhänge,
dein Image dir zu rauben.

Drei ist einer zu viel!

Lange Zeit seid ihr befreundet,
habt schon ziemlich viel erlebt,
und im Grunde ist es doch so,
dass ihr aneinander klebt.

Doch jetzt plötzlich kommt ein andrer,
nimmt dir deinen Freundschaftsplatz.
Du bist sauer und auch zornig,
denkst dir nur: "Jetzt gibt's Rabatz!"

Aber das ist dir zu blöde;
du zeigst nicht, wie weh's dir tut,
ziehst enttäuscht allein von dannen
und zahlst schweigend den Tribut.

Du bemerkst mit schwerem Herzen:
All die Jahre war'n verfehlt!
Jetzt bist du die arme Seele,
die sich nun für Wochen quält.

©Norbert van Tiggelen

Am Arsch vorbei!

Es gibt Zeiten, lass dir sagen,
da will dich kein Mensch versteh'n.
Das sind diese üblen Hetzer,
die auch über Leichen geh'n.

Es sind die, die nichts bewegen,
die doch scheitern permanent,
die doch - sind wir jetzt mal ehrlich -
kaum 'ne Menschenseele kennt.

Du meinst es doch immer herzlich,
doch man dreht dir stets 'nen Strick.
Lass dich nicht von ihnen ärgern,
ich kenn da 'nen guten Trick:

Pfeif drauf, wenn sie böse schimpfen,
hol dir keinen Frust herbei.
Denke dir mit breitem Grinsen:
"Das geht mir am Arsch vorbei!"

©Norbert van Tiggelen

Aufgeflogen

Wenn Menschen sich zerstreiten,
die deine Feinde waren,
dann werden sie, oh glaub mir,
sich bald schon offenbaren.

Sie kommen plötzlich zu dir,
als sei nie was gewesen,
und plaudern offenherzig -
so "rein" und auch "belesen".

Das Schöne ist des weitren:
Du hörst auf einmal Sachen,
die über dich geplaudert wurden -
zum Weinen und zum Lachen.

Doch endlich wurd' gebeichtet
und dir wird plötzlich klar,
wer in dieser schlimmen Zeit
dein Seelenschänder war.

©Norbert van Tiggelen

Pantoffelheld

Wenn mich etwas maßlos ärgert,
sind es - Leute, glaubt es mir -
Lügen, um sich rauszureden,
nur den Rückzug im Visier.

Wenn ein Mensch 'nen Fehler machte,
soll er ihn auch eingesteh'n;
nicht mit Lügen noch versuchen,
Ärger aus dem Weg zu geh'n.

Was er nämlich damit anstellt,
ist für manche Seel' ein Graus:
Denn der ehrliche Geselle
sieht dann wie ein Gauner aus.

©Norbert van Tiggelen

Manch Nachbar ist 'ne arme Seele,
er über dich oft Schlechtes spricht.
Doch nimm es ihm nicht immer böse,
denn oft mag er sich selber nicht.

©Norbert van Tiggelen

VORSICHT mit Feiglingen

Solche Leute gibt es leider
viel zu oft auf dieser Welt.
Meistens ducken sie sich ängstlich,
räumen feige stets das Feld.

Stell'n sich dir nicht gegenüber,
wenn es Kontroversen gibt;
Fehler, die begangen wurden,
man gern in andrer Schuhe schiebt.

Doch gib Acht, sei trotzdem wachsam,
unterschätze sie bloß nicht:
Spürt 'ne Ratte keinen Ausweg,
springt sie sogar ins Gesicht.

©Norbert van Tiggelen

„Brauereigeschwür"

Jetzt, so an den milden Tagen,
kriege ich vermehrt 'nen Föhn;
meine Augen leiden Schmerzen,
ich mich wohl nie dran gewöhn':

„Ganzer Kerl" zeigt Oberkörper,
wie ein Hahn auf Dung und Mist.
Weil er glaubt, dass jener-welcher
im Revier der schönste ist.

Schaute er mit ehrlich' Augen
auf die Blicke, würd er seh'n:
Beinah' jede Dame kann ihm
ganz problemlos widersteh'n.

Doch stattdessen wird geflunkert
und das sogar mit Willkür.
Darum zeigt er weiterhin auch
stolz sein Brauereigeschwür.

©Norbert van Tiggelen

Übergrößen

Kennst du sie, die Alleskönner,
diese Spezialisten pur?
Die, die nirgends fehlen dürfen -
ohne sie, was gäb' das nur?

Wollen alles besser wissen,
mit dem MUND sind sie perfekt.
Gehen sie doch dann zu Werke,
siehst du, was in ihnen steckt.

Sollten sie dann mal (wieder) versagen,
sei nicht böse und verzag:
Denke dran, auch "Übergrößen"
haben mal 'nen schlechten Tag!

©Norbert van Tiggelen

Vertrauensbruch

Kennst du sie, die fiesen Tritte
immer in die Herzensmitte.
Dort, wo es besonders schmerzt,
und man über dich noch scherzt.

Wieder mal dem falschen Wesen
etwas aus der Hand gelesen.
Und wie immer, welch ein Mist,
beugst du dich der Hinterlist.

Abermals ein Schlag in 'n Nacken,
möchtest gern die Koffer packen,
um zu flüchten - fort von hier,
weg von Eigensucht und Gier.

Deine Seele ist geschunden,
wieder eitern tiefe Wunden.
Bist zu schwach, dich aufzubauen,
du kannst keinem mehr vertrauen.

©Norbert van Tiggelen

Neider

Neider haben Vorurteile,
werfen oft ganz scharfe Beile,
wollen dich am Boden sehen,
über deinem Antlitz stehen.

Gönnen dir nur Schmach und Dreck,
auf der Weste jeden Fleck,
kämpfen mit gemeinen Waffen,
wichtig ist, dass Wunden klaffen.

Mit der Zeit zermürbt dich das,
du verlierst den Lebensspaß.
Deine Seele wird gerichtet,
weil ein andrer Lügen dichtet.

©Norbert van Tiggelen

Heiligenscheinträger

In der Messe wird gebetet,
gottesfürchtig, mit Bedacht,
dass der Herrgott sie beschütze,
ihre Seelen gut bewacht.

Lobgesänge singt man artig,
andachtsvoll und auch gerührt.
Ist die Stimmkraft umso lauter,
man den Herrgott noch mehr kürt.

Lammfromm sitzen sie in Reihen,
nicken dann dem Priester zu.
Ihm mal in das Wort zu fallen,
ist von jeher ein Tabu.

Ist die Andacht dann Geschichte,
sind die Schwüre oftmals weg,
und dann ziehen sie den Nachbarn
lauthals schäbig durch den Dreck.

©Norbert van Tiggelen

Arsch voll - toll

Alkohol sollt' man verbieten,
den vernichten meist nur Nieten,
und wenn die betrunken sind,
manches Unheil dann beginnt.

Partner werden flugs betrogen,
wehgetan und auch belogen;
man gerät in Prügeleien
in der Wohnung, auch im Freien.

Weiter geht's mit dummen Streichen,
bloß nicht leis' nach Hause schleichen;
der Betrunkne oft laut motzt
und in deinen Garten kotzt.

Menschen werden angegriffen,
aufs Gesetz wird laut gepfiffen.
Manchmal gibt es sogar Tote,
falls das nicht, Lokalverbote.

Irgendwann nach tiefem Schlaf
wird man wach im Bette brav,
sagt ganz stolz und fühlt sich toll:
„Mann, was war ich wieder voll!"

©Norbert van Tiggelen

Das bisschen Haushalt

So ein bisschen Haushalt, sagt man,
ist doch wirklich schnell gemacht.
Wegen dieses heiklen Themas
gab es schon so manche Schlacht.

Essen kochen, Wäsche waschen
ist doch ehrlich kein Problem.
Nebenher den Einkauf machen
schafft man spielend, ganz bequem!

Müll rausbringen, Fenster putzen
ist doch förmlich ein Geschenk;
Frischluft wird dabei genossen
und trainiert so manch Gelenk.

Betten machen, saugen, bügeln -
ach, was könnte schöner sein?
Flur und Bad auf Hochglanz wienern
hält nicht nur die Seele rein.

Wer so denkt, den sollt' man strafen -
rütteln, schütteln und noch mehr.
Solche Sprüche, die beweisen,
dass so manches Hirn ist leer.

©Norbert van Tiggelen

Seelischer Mülleimer

In fast jeder unsrer Küchen
steht so'n Teilchen irgendwo,
meistens still in einer Ecke,
oder halt auch anderswo.

Doch erfüllt er einen Auftrag
und verschluckt brav unsren Müll,
an ereignisreichen Tagen
sicherlich in Hüll' und Füll'.

Leider ist es bei uns Menschen
oft nicht anders - wie gemein,
denn wir werfen unsre Sorgen
oftmals in 'nen Freund hinein.

Wir benutzen ihn als „Lokus"
für den täglich' Seelenkot,
sehen ihn als eine Zuflucht
oder wie ein Rettungsboot.

Wir vergessen aber leider,
dass er auch 'ne Seele hat –
darum hat er das Gejammer
irgendwann auch einmal satt!

©Norbert van Tiggelen

„Aufpasser"

Kennt ihr diese Kontrolleure
in der werten Nachbarschaft?
Jemand, der mit großer Freud
auf jeden deiner Schritte gafft?

Dieser Mensch, der deine Pflichten
besser als du selber kennt,
der, um dich zu kontrollieren
ständig hinter dir her rennt?

Dieser edle Regel-Kenner,
der es immer ehrlich meint,
der, wenn du mal was verbockt hast,
plötzlich hinter dir erscheint?

Der, der ständig mit der Nase
hinter der Gardine steht,
und wenn du ihn wieder dort siehst,
bei dir nur noch Wut entsteht?

Nimm ihn nicht für ebenbürtig,
er ist ärmer, als du glaubst.
Bleib korrekt - es wird passieren,
dass du ihm die Nerven raubst!

©Norbert van Tiggelen

Einsam unter Menschen

Einsam unter Menschen
sind viel zu viele Seelen,
denn leider gibt es Leute,
die deine Nerven quälen.

Oft ist es nur ein Neider,
der dir was Schlechtes gönnt,
der ohne Heucheleien
nicht wirklich leben könnt'.

Der Zeit hat ohne Ende,
dich darum auch bewacht,
der ständig dir was nachsagt,
und das mit aller Macht.

Und ganz genau weil solche
nach Schmach und Ärger streben,
wird's leider immer wieder
verstoßne Menschen geben.

©Norbert van Tiggelen

Depressiv

Depressiv zu sein, bedeutet
nicht, dass man ein Unmensch ist,
dass die Seele eines Menschen
nur besteht aus Neid und List.

Depressiv zu sein, bedeutet
oft, ein schweres Leben führ'n,
dort zu helfen, sich zu sorgen,
wo sich andre meist nicht rühr'n.

Dort zu trösten, wo es wehtut,
um zu lindern manchen Schmerz;
denn der „Depressive", glaubt mir,
hat sehr oft ein großes Herz.

Oft schon hat er nur geholfen,
weil er Schlimmes selbst durchlief.
Doch zum Dank gab's manchen Arschtritt -
darum wurd' er depressiv!

©Norbert van Tiggelen

VORSICHT Maulheld

Rechtschreibtechnisch ist er dösig,
mit den Zahlen hapert's auch.
Sein Benehmen ist unmöglich,
seine Taten Schall und Rauch.

Schimpfen kann er wie kein Zweiter –
hirnlos, wüst und provokant.
Mit so manchen Heucheleien
hat er Menschen schon verbannt.

Ehrlichkeit ist ihm ein Fremdwort,
von jeher und überhaupt;
Lügen, die er in die Welt setzt,
werden ihm durchweg geglaubt.

Eigentlich ein armes Lichtlein,
ein Versager obendrein;
was ihn aber richtig stark macht:
Er pfeift drauf, gerecht zu sein.

©Norbert van Tiggelen

Ein Schmarotzer-Medley

Hast du? Kannst du? Gibst du mal?
sind meistens ihre Fragen.
Weist du ihre Wünsche ab,
dann hörst du sie laut klagen.

Nehmen, nehmen, nehmen ist
ihr Lebenselixier,
ob Zigaretten und 'nen Snack
oder ein paar Bier.

Du siehst sie manchmal Tage nicht,
schon mal auch ein paar Wochen.
Ist dein Kühlschrank voll, doch dann -
als hätten sie's gerochen.

Sie nisten sich bei einem ein
und lassen sich bedienen.
Doch glaub mal nicht, du wirst daran
'nen einz'gen Cent verdienen.

Solange du stets freundlich bist,
wird man dich niemals dissen.
Sagst du aber einmal nein,
dann hast du ausgeschissen.

Kommen gern zum Mittagstisch
und bleiben brav bis zum Kaffee.
Sieht man sie beim Abendbrot noch,
tun ei'm echt die Augen weh.

Geht's dir gut, sind sie verlässlich,
kriegst sie nicht von deiner Seit'.
Geht es dir jedoch mal dreckig,
hat von denen keiner Zeit.

Wohnen gern in deiner Wohnung,
ganz umsonst fällt's ja nicht schwer,
und zum Dank für deine Güte
futtern sie den Kühlschrank leer.

Sie umgarnen dich mit Technik,
lachen über'n schlechten Witz.
Hast du einmal angebissen,
bist du fast schon ihr Besitz.

"Meins ist meins und deins ist auch meins",
denken sie sich ungeniert.
Hast du selbst mal keine "Kohle",
bist du, glaub mir, der, der friert.

Selbst wenn sie im Wohlstand leben,
neppen sie auch weiterhin,
häufen weitere Notreserven,
stapeln gar bis unters Kinn.

Gehst du mal mit ihnen feiern,
nehmen sie kaum Pulver mit,
ebenso wie Zigaretten,
schließlich gibst du ja Kredit.

Menschlichkeit ist oft ein Fehler -
spendest Trost in Hüll' und Füll'.
Bist du nicht mehr zu gebrauchen,
werfen sie dich weg wie Müll.

Lädst du sie mal ein zum Essen,
hau'n sie sich die Wampe voll.
Aber sollte es was kosten,
ist's für sie ein wahrer Groll.

Fühl'n sich wohl in deinem Auto,
fährst sie oft von A nach B.
Mit 'ner Frage nach Benzingeld
tust du ihren Seelen weh.

Liegen dir auf deiner Tasche,
häufig auch auf deiner Couch.
Äußerst du mal deinen Unmut,
fällst du auf die Nase - autsch.

Spritzt dein Geldhahn freudig Zaster,
wird er oft und gern benutzt.
Ist er aber leer und trocken,
schaut des Neppers Blick verdutzt.

Ist am Anfang lieb und freundlich,
aber Vorsicht: nur zum Schein.
Später lernst du ihn dann kennen -
meistens als Charakterschwein.

Du versorgtest sie mit Essen,
Trinken, Tabak, Alkohol.
Springst du prompt, wenn sie laut pfeifen,
fühl'n sich ihre Seelen wohl.

Haben Sitzfleisch ohne Ende,
heul'n sich ständig bei dir aus.
Selbst wenn du am nächsten Morgen
musst zu deiner Arbeit raus.

Ist dein Kühlschrank, der einst leere,
endlich wieder einmal voll,
denken sie sich: "Oh, wie klasse!
Ich spar Geld, was ist das toll!"

Sie verlangen von dir Hilfe,
sehen dich wie einen Knecht.
Spurtest du nicht, wie sie's wollen,
machen sie dich sogar schlecht.

Leih'n sich ständig bei dir Sachen
oder sogar Kohle aus.
Doch das Wörtchen "wiedergeben"
ist für sie der größte Graus.

Kannst du ihnen mal nichts geben
außer NUR 'ne gute Tat,
schaut man an dir blöd herunter,
das ist dann das Resultat.

Bücher, DVDs und Spiele
leihen sie sich gerne aus.
Willst du es dir wiederholen,
sind sie leider nicht zuhaus.

Pumpen dich dann immer öfter
um so manchen Euro an;
auch die Summen werden größer -
man's ja mal versuchen kann.

Willst du mal mit ihnen grillen,
kauf am besten gleich ein Schwein.
Kriegen die mal was für Nüsse,
knien sie sich ganz derbe rein.

Sie spiel'n manche Mitleidsnummer,
so als sei es wirklich wahr,
knacken damit gute Herzen,
und sogar in großer Schar.

Auch bei Taxifahrern sind sie
geizig, und das gnadenlos;
geben ihnen äußerst selten
mal ein bisschen Extramoos.

Lassen sich sehr gern beschenken,
geben aber nichts zurück.
Selbst von einem großen Kuchen
kriegst du nicht ein kleines Stück.

Meid' den Umgang mit solch' Menschen,
nicht einmal zum Zeitvertreib.
Halte sie dir von der Pelle -
ganz weit weg von deinem Leib!

Prinzipienreiter

Ständig lauern sie auf Fehler
andrer Menschen mit Genuss;
jemandem eins auszuwischen,
ist aus Bosheit schon ein Muss.

Sie bewachen dich tagtäglich,
um bloß nichts zu überseh'n;
aber ihre eignen Fehler
können sie nicht eingesteh'n.

Majestätsrecht

Bei Reichen ist es häufig so:
Sie haben immer recht!
Sagst du ihnen, was du denkst,
dann reden sie dich schlecht.

Weil du ein "kleiner Mann" bist,
triffst du nicht ihren Ton.
Drum kannst du auch lang reden,
es nutzt nichts - welch ein Hohn.

Erkennen sie ihr'n Fehler,
dann glaube nicht daran,
dass sie ihn eingestehen,
welch Dummheit - Mann oh Mann.

Sie pochen auch in Zukunft
wahrhaftig auf ihr Recht,
sie sehn dich halt, als Reicher,
wie einen dummen Knecht.

©Norbert van Tiggelen

Dumme Menschen

Dumme Menschen reden oftmals
über andre Dreck und Schund,
und sehr gerne - oh wie traurig –
Anvertrauten nach dem Mund.

Dummen Menschen fehlt die Weisheit,
Sachverhalte aufzuklär'n,
helfen meist noch Gleichgesinnten,
neue Lügen zu gebär'n.

Dumme Menschen halten oftmals
fest zusammen – und warum?
Weil sie ganz alleine schwach sind,
ohne Standpunkt, ohne Mumm.

Darum sei nicht immer böse,
wenn sie über dich erzähl'n;
denn sie können meist nur eines:
Unbescholtne Menschen quäl'n.

Ich schäme mich

Wenn ich manche Menschen sehe,
denke ich mir: Ach du Schreck!
Wo sind wir bloß hingekommen –
hat das hier noch wirklich Zweck?

Tiere quält man zum Vergnügen,
Schwache beutet man gern aus.
Heuchler sind der Dummen König,
spenden ihrem Wahn Applaus.

Frauen werden oft erniedrigt,
Kinder nennt man „böse Brut";
Fehden führt man hinterm Rücken,
Geld ist unser höchstes Gut.

Wenn ich all dies Chaos sehe,
Stund für Stund - tagaus, tagein,
sag ich mir mit Wut im Bauche:
Ich schäm mich, ein Mensch zu sein!

©Norbert van Tiggelen

Am Ende

Am Ende war's keiner gewesen,
am Ende hat niemand gehetzt;
zu keiner Zeit wurde geheuchelt
und niemals die Messer gewetzt.

In Wahrheit hat man dich erniedrigt!
Du wurdest mit Lügen geimpft!
Selbst Menschen, die dich nicht mal kannten,
die haben dich übel beschimpft.

Du gingst lange Zeit durch die Hölle,
dein Seelenkleid wurde gequält.
Denn Lügen verbreiten und heucheln
ist das, was bei Menschen oft zählt.

Am Ende, als man dich durchschaute,
nachdem man dich lang hat geplagt,
erwies sich dein guter Charakter -
drum wurd' NIE was Böses gesagt!

©Norbert van Tiggelen

Nachwort

Lieber Leser,

Hand aufs Herz! Wie oft haben Sie beim Lesen meiner Verse bejahend mit dem Kopf nicken müssen? Ich hoffe, ziemlich oft - ansonsten müsste ich mir ernsthafte Gedanken darüber machen, entweder zu spießig zu sein, oder als einziger in der falschen Region zu wohnen, was ich allerdings nicht glaube.

Ich bin mir VÖLLIG sicher, dass Tugenden wie Ehrlichkeit, Höflichkeit, Hilfsbereitschaft, Treue, Bescheidenheit und Nächstenliebe immer weiter aussterben, weil sie zu oft ausgenutzt werden. Lassen Sie uns zusammen dagegen ankämpfen, indem wir unseren Mitmenschen mutig – aber mit Takt darauf hinweisen, was uns an ihrem Verhalten nicht gefällt. Feuer frei!

Vielen Dank fürs Lesen.
Der Autor Norbert van Tiggelen

Sorry

Fehler macht von uns ein jeder –
ganz egal, ob alt, ob jung.
Um sich aber Zu versöhnen,
sag schlichtweg: „Entschuldigung"!

©Norbert van Tiggelen

Impressum

Titel-Idee:
Yvonne Scholle, Sabine Poethke
und Iris Klüglich

Cover-Foto:
Manfred Gorus, München

Lektorat:
Heidi Friedrich

Gedichte/Texte:
Alle Rechte bei Norbert van Tiggelen,
Wanne–Eickel (Herne 2)